PLAIDOYER

DE

M. EDWIN JAMES,

DANS LA DÉFENSE

DE

SIMON BERNARD,

PRÉCÉDÉ

DE LA BIOGRAPHIE DE L'ACCUSÉ,

ET D'UNE

Reponse aux infamies de la presse bonapartiste,

PAR AD. WOLFF.

De Simon Bernard.

—

Simon Bernard est né en 1817, à Carcassonne, de parents ho-norables. Sa famille était attachée au parti libéral, et son esprit fut de bonne heure imbu de ses principes. Arrivé à l'âge où il faut choisir une profession, il résolut d'étudier la médecine. On croit qu'il fut déterminé à embrasser cette carrière par ceux qui le connaissaient, et qui savaient qu'il serait heureux de se rendre, par ce moyen, utile à ses semblables. Ses études médicales étaient peu propres à développer l'amour de l'héroïs-me chez un jeune homme d'un esprit sérieux qui avait reçu ses premières leçons à l'école des libéraux, à une époque où les idées Napoléonniennes étaient tant soit peu en discrédit, et où les Bourbons ne pouvaient plus inspirer d'admiration pour la royauté.

Le début de Bernard dans la vie active fut en qualité d'aide chirurgien à bord d'un vaisseau de guerre. Il assista à l'attaque du fort St Jean d'Ulloa, et fut un des premiers à entrer dans le camp ennemi. On dit qu'il déploya beaucoup de zèle à panser les blessés, et un grand sang-froid pendant qu'il rem-plissait son devoir sous un feu terrible.

Il prit ensuite part à l'expédition de la Plata où les Français éprouvèrent de grandes pertes; là ses services, quoiqu'il fût sans protections, lui valurent le grade de premier chirurgien dans la flotte de l'Uruguay. Il resta dans la Plata jusqu'à ce que la paix fut conclue avec Rosas. Les occasions qu'il eut d'être témoin des excès de ce dictateur contribuèrent beaucoup à ac-croître la haine pour le despotisme qui avait été infiltrée en lui dès sa jeunesse

A son retour en France, il quitta le service de la marine, et dès lors il commença à prendre une part active aux discussions politiques. Il s'attacha au parti connu sous le nom d'école du Phalanstère, une branche des socialistes qui cher-chait à mettre en pratique les idées de Fourrier. La principale différence existant entre les Saint-Simoniens et les Fouriéristes semble consister, en ce que les premiers dirigent particulièrement leurs idées vers les causes et les effets de la distribution de la propriété, et les seconds vers ceux de sa production. Les membres les plus distingués de la première école étaient les Pereire et autres qui ont généralement fini par devenir spéculateurs à la bourse ; parmi les autres on remarquait plusieurs élèves de talent de l'Ecole polytechnique. L'école St. Simonienne reçut bientôt une direction d'un caractère étrange, par les tendances hiérarchiques du père Enfantin. Les Fouriéristes suivirent une route plus rationelle, mais se subdivisèrent en une foule de sectes. En fait, le socialisme en France ne signifie pas une croyance politique ou sociale bien définie, mais simplement une manière d'envisager les phénomènes sociaux. Il y a des socialistes chrétiens, des socialistes libre-penseurs, des socialistes républicains, des socialistes monarchistes, des socialistes voulant la paix à tout prix, et des socialistes combattants. Bernard semble avoir pris ce qu'il a trouvé de meilleur dans les idées de toutes ces subdivisions, sans s'identifier avec aucune d'elles.

En 1842, Bernard, alors âgé de 25 ans, devint rédacteur-gérant du journal démocratique de la ville de Tarbes. Cependant, il se démit bientôt de ces fonctions, et voyagea dans l'Est de la France, faisant des discours sur l'économie politique et les diverses théories sociales qui divisaient alors l'opinion publique. Son ardeur, la hardiesse de ses vues et une certaine sincérité engageante qui respirait dans ses paroles et ses actions, lui gagna un grand nombre de partisans. Il fixa pour quelque temps sa résidence à Perpignan, et y fonda, avec ses amis, "la France," journal démocratique, comme antidote au jésuitisme des moines espagnols.

A l'avènement de la révolution de 1848, Bernard se sentit irrésistiblement attiré vers Paris. Comme défenseur des principes démocratiques, il fut très-remarquable, mais ce fut après que le flot de la réaction eut commencé à monter qu'il se mit particulièrement en évidence. Le jour même où la loi contre les clubs passa, il en ouvrit un. Son indignation se traduisait en démonstrations publiques auxquelles sa voix agréable et sonore, sa diction facile, son geste vif et noble et une certaine élévation de sentiment le rendaient très-apte. Aussitôt que la police fermait une des salles où il parlait habituellement, il en ouvrait une autre ; et il lui arrivait souvent de parler plusieurs fois en public dans le cours d'un seul jour. Les poursuites dirigées contre lui se succédaient sans cesse, jusqu'à ce qu'enfin il fut obligé de chercher un refuge en Belgique.

Arrivé en ce nouveau pays, il exerça la médecine pendant un an environ avec beaucoup de succès. Il voyagea ensuite en Allemagne. Partout où il se présenta, son mode de traitement fixa l'attention, et donna lieu à discussion. A son arrivée en Angleterre, ses ressources limitées ne lui permirent pas de suivre sa profession, et il se mit alors à enseigner des langues étrangères pour gagner sa vie. Depuis plus de six ans il demeure à Bayswater. Ce n'est que rendre hommage à la justice que de dire que pendant tout ce temps il s'est acquis l'estime et l'affection de tous ceux qui ont eu quelque rapport avec lui. Il s'est toujours fait remarquer par son assiduité dans l'accomplissement de ses devoirs comme professeur ; par sa prévenance à rendre service à ceux qui ont besoin de lui ; par un grand sens d'honneur, et une scrupuleuse ponctualité à remplir ses obligations pécuniaires. Comme homme privé, il est aimé et respecté. Comme homme politique, il est toujours resté seul, ne voulant s'enrôler sous la bannière d'aucune secte. C'est à Londres qu'il fit la connaissance d'Orsini, et la conformité de leurs sentiments cimenta leur amitié

REPONSE A LA PRESSE BONAPARTISTE.

—

Au Rédacteur en chef du *Constitutionnel.*

Monsieur,

J'ai lu dans l'*Indépendance Belge* du 10 courant l'article du *Constitutionnel*, relatif à la brochure intitulée : *Plaidoyer en faveur de Simon Bernard, Truelove et Stanislas.*

Je n'avais d'abord nullement l'intention de répondre aux nouvelles aménités que lance ce vil organe contre la proscription ; mais, sollicité par plusieurs de mes amis de relever les calomnies contenues dans l'article précité, je cède à leurs instances, plus par condescendance, notez-le, que pour ma satisfaction personnelle. La besogne serait, en effet, trop rude, si l'on était obligé de répondre aux invectives, tarifées à tant la ligne, de *bravi* stipendiés par l'homme de *boue et de sang* des Tuileries, tels qu'un *Constitutionnel*, un *Moniteur*, etc, à Paris, et un *Morning Post*, un *Morning Chronicle* à Londres.

Dans la guerre à mort qui est engagée entre le parti du progrès et la bande de coquins qui conspirent constamment contre la propriété, la vie et la liberté des citoyens, sous la conduite de l'homme ténébreux de Décembre, chacun doit prendre sa part de responsabilité. J'ai toujours accepté la mienne, mes compagnons d'exil en sont témoins ; et si jamais je manque à ce devoir, si jamais je cesse dans mes humbles écrits de défendre la cause de la liberté, de poursuivre avec acharnement les oppresseurs de la grande famille de l'humanité, aussi bien que leurs complices, puissent ma main être paralysée et toutes sortes de malheurs venir m'accabler.

Si vous aviez pris la peine, Monsieur, de lire le *Plai-doyer* ou *Lettre adressée aux membres du jury* sur laquelle vous vous répandez en calomnies sans la connaître, pour complaire à votre maître, il vous eût été d'abord très facile, en vous référant à un autre pamphlet cité à la première page, écrit également en anglais et publié sous forme de préface à ma traduction de la brochure de Félix Pyat ; il vous eût été très-facile, dis-je, de voir que je ne suis rien moins que l'éditeur. Ce second pamphlet, ayant été tiré, comme le premier, à plusieurs milliers d'exemplaires, des gens aussi bien informés que vous par le canal de leurs associés les mouchards, ne sauraient manquer d'en avoir eu communication.

Vous dites que cette lettre adressée aux membres du jury par un exilé français, est tout entière le panégyrique le plus éhonté de l'assassinat. Vous mentez avec impudence, Monsieur. Vous voudriez nous confondre, je crois, avec les scélérats dont les Tuileries sont la caverne, et avec des écrivains tels que vous. Distinguons. Nous ne prêchons pas comme vous l'assassinat sous mille noms divers, mais nous justifions le tyrannicide comme un droit. Tuer l'homme de Décembre ou un Bomba ne serait pas plus commettre un crime que tuer un tigre ou un chien enragé, nous le redirons sans cesse ; et ce serait bien plus utile et méritoire, je vous l'assure. C'est la dernière ressource qui reste aux victimes d'un monstre qui a tout violé et volé, qui journellement transporte, arrête, emprisonne et ruine de paisibles citoyens, sur le plus léger prétexte même pour mal parler de son Altesse le Prince impérial en maillot ; qui, lorsque la république avait aboli l'esclavage des noirs, le rétablit, ainsi que la traite dans nos colonies sous le nom déguisé de travail libre, comme il a institué l'esclavage des blancs dans la métropole ; et qui, enfin, a fait de notre belle France un pachalick, une ferme à exploit que lui et ses complices pressurent, sucent, épuisent et font gémir sans être plus touchés des douleurs de la mère-patrie, que s'ils étaient Cosaques ou Croates. Depuis longtemps ces hommes ont perdu le titre de citoyens, et sont à jamais dénationalisés.

Vous, qui avez un intérêt dans le *partnership*, vous savez, aussi bien que quiconque, comment ils ont exécuté leur *coup-de-main*, le coup-de-main des insolvables, comme l'on dit à la bourse. La question de savoir si l'on peut tuer le chef de cette bande de flibustiers sans foi ni loi étant donc subordonnée à celle de la légalité de son pouvoir, la solution n'en saurait être un instant douteuse. Autre exemple. Supposez que, dans l'un des états esclaves de l'Amérique du Nord, un maître cruel, comme cela n'arrive, hélas! que trop souvent, flagelle, affame, déchire, mutile, torture enfin de toutes les manières imaginables ses malheureux nègres, sur le moindre prétexte, par pur caprice, parce qu'il est né exceptionnellement avec un cœur barbare, dénaturé ; croyez-vous, monsieur, que si ces infortunés, exténués de souffrance, prévoyant le sort qui leur est réservé, après avoir vu périr misérablement sous leurs yeux plusieurs de leurs compagnons ; croyez-vous que, s'il ne leur était possible de s'affranchir et de fuir vers un état libre qu'en tuant le monstre, une telle action serait un crime ? En vain interrogé-je ma conscience pour chercher la défense du maître ; elle me répond toujours que le massacrer sans pitié serait vertu, et un droit imprescriptible et sacré.

Tout homme doué du sens commun le plus grossier, monsieur, ne peut de bonne foi contester un fait simple, patent, évident comme un axiôme de géométrie. Or, ce n'est pas à des gens habitués à la dialectique, tels que ceux qui écrivent dans le *Constitutionnel,* que j'irai refuser un grain de ce sens commun que nous possédons tous. Vous venez alors, malgré vous, de prononcer la sentence de M. Bonaparte.

Pour vous mieux édifier sur la question, je ne puis mieux faire que vous recommander la lecture de ma préface à la Lettre adressée par Mazzini à Louis Napoléon. Là, vous trouverez la question du tyrannicide traitée, sinon avec tout le développement qu'elle comporte, du moins d'une manière plus détaillée qu'ici. J'y fais, en même temps, un examen minutieux de la seconde lettre attribuée à Orsini, et je convaincs votre maître d'être un vil faussaire. Je ne puis que regretter de m'être laissé devancer, et de n'avoir pas eu l'honneur de faire la traduction française du pamphlet si remarquable de **Mazzini**, maintenant sous presse avec ma préface. Si vous en désirez plusieurs milliers d'exemplaires pour les faire circuler en France, vous n'avez qu'un mot à dire.—N'importe, allez ; plaisanterie à part, malgré votre muraille de Chine, il en passera toujours en contrebande un certain nombre qui n'en prendront que plus d'importance.

Un mot touchant nos publications. De deux choses l'une : ou elles sont pleines de grosses vérités, ou elles sont mensongères. Sur laquelle des deux cornes de ce dilemme voulez-vous qu'on vous place ? Choisissez. Prenez garde, la position ne peut qu'être dangereuse ; la pointe vous entrera dans le corps. J'examine succinctement chacune de nos deux propositions contradictoires. Si nos publications sont pleines de grosses vérités, nous avons donc raison, le droit est pour nous. Si elles sont mensongères, quel mal voulez-vous qu'il y ait à les répandre ? Je soutiens, et j'insiste sur ce point, qu'elles ne pourraient que nuire à notre cause. Le peuple français est intelligent et sait distinguer la vérité du mensonge, ce qui est moral de ce qui est corrupteur. Ceci est incontestable. Pas de sophismes, monsieur ; vos rubriques sont connues et usées. Encore, pourquoi les meilleurs journaux anglais sont-ils arrêtés journellement à la poste ? On en comptait jusqu'à quatorze dernièrement. *Punch*, le *Morning Advertiser* et bien d'autres ont perdu leur droit de cité à Paris. Ils sont à peine lus une fois sur quinze par leurs abonnés de France. Croyez-vous qu'on l'ignore, que ce ne soit pas scandaleux ? Est-ce que nous arrêtons vos brochures et vos journaux dans lesquels vous traitez si joliment la proscription et l'Angleterre ? Vous craignez la lumière comme les faux monnoyeurs ou les *escarpes*, pardon de ce terme d'argot. Vous voyez donc bien que tout est pourri dans votre système.

Vous vous jetez, par surprise, armés jusqu'aux dents comme des brigands, sur des hommes qui dorment, ou qui passent désarmés et ne soupçonnant rien, souvent dix, vingt contre un ! Vous assassinez secrètement les uns, vous transportez, vous exilez ou vous emprisonnez les autres dans des donjons infects, humides où, vous détruisez sans pitié leur santé, bien sacré ; vous fermez des établissements publics ; vous ruinez des familles, vous les réduisez à une misère affreuse, et tout cela se fait sans jugements, sur caprice, pour le bon plaisir d'un préfet ou d'un commissaire de police. Mon Dieu ! ces hommes sont donc bien criminels pour qu'on les traite d'une façon aussi draconnienne ? demanderait quelqu'un ignorant des faits. Oh oui, ils sont coupables du grand crime de ne pas aimer le gouvernement si paternel de Bonaparte, ou de n'être pas assez chauds partisans de ce monsieur.

Il ne s'agit pas, voyez-vous, de traiter ainsi les hommes les plus généreux, les plus courageux d'un pays, puis de déchaîner contre eux toute une meute, aboyante de chiens acharnés, d'exciter à courir sus à la bête, d'appeler ces hommes en criant partout jusqu'à s'époumonner, le parti du crime, des assassins, les ennemis de la société, les partageux, les jacques etc. Mon Dieu, je le sais, il n'y a que vous d'honnêtes et de vertueux. Vous avez sauvé la société, et la caisse aussi comme dit Bilboquet, témoin les vingt-cinq millions *empruntés* à la banque ; les 1,500 millions destinés à subvenir aux frais de la guerre de Crimée, et dont une partie est passée...le caissier M. Bonaparte vous le dira; témoin les actions du chemin de fer de Lyon, non pas distribuées, comme on dit, mais *vendues,* nous n'en doutons pas, à des hommes de bien, tels que de Morny, Persigny, St. Arnaud, etc. le lendemain du coup-de-main de Décembre ; témoin les cinquante à soixante millions dus actuellement au trésor par le chef des sauveurs, malgré la bagatelle de quarante millions de liste civile, dette sur laquelle il a, bien entendu, passé sans cérémonie l'éponge ; témoin les cent millions de billets que la banque a été autorisée à émettre en échange de pareille somme *remise au trésor* ; témoin ...... mais l'on n'en finirait si l'on voulait exposer tous les faits qui établissent que vous êtes aussi de grands sauveurs de caisse, comme encore, par exemple, les millions des Morny, Persigny, &c. qui, la veille du coup de main, ne possédaient que des quantités négatives, pour me servir d'une expression algébrique qui rend ma pensée par un euphémisme, et me dispense de recourir au mot grossier qui dirait plus énergiquement la chose.

Donc il n'y a que vous, Messieurs les Décembriseurs, qui soyez les honnêtes gens de France et vous avez sauvé la société, les Granier (de Cassagnac, Gers, lequel, par parenthèse, veut illustrer le nom du village de Gascogne où il est né, et, pour le faire passer à la postérité, a soin de l'ajouter à son nom), les Céséna, les La Guéronnière et autres transfuges de tous les partis, déshonorés par toutes sortes de trahisons, le répètent en chœur, Mr. de Morny le proclame ; nous ne saurions révoquer en doute de pareilles autorités. Mais je prendrai la liberté de vous demander, au risque de commettre une indiscrétion, s'il est vrai que le facétieux Mr. de Morny peut garder son sérieux ce dont on doute ici, quand, par exemple, dans un exposé des motifs de la loi des suspects, il nous décoche toutes les aménités que vous savez.

Tenez, cessons la plaisanterie, vous êtes tous grecs et *grinches ;* les Tuileries, vous le savez mieux que moi, sont un repaire où s'assemble la haute *pègre* de Paris, celle qui opère le plus habilement, et le chef de la bande, Robert Macaire II du nom, arrache la dent pendant que son compère Bertrand de Morny arrache la montre.

A quel état vous avez réduit cette pauvre France ! Vous devriez en avoir honte, si ce sentiment n'était pas tari en vous. L'incarnation de l'empire, on l'a dit, c'est un mouchard. Il existe sous toutes les formes—sous celle d'un serviteur, d'un ami, d'un frère, d'une sœur, d'une femme même envers son mari, d'une maîtresse envers son amant. La France est frappée de terreur. Les plus douces jouissances, les plus purs sentiments sont empoisonnés par la défiance. Le Bonapartisme, comme le jésuitisme, cause la démoralisation du pays en faisant d'insolents gredins de ceux qu'il stipendie, et des menteurs, des êtres timides et lâches de ceux qu'il fait plier sous le joug de la surveillance. Si cet état de choses devait encore durer longtemps, le mal serait presque irréparable. La nouvelle génération sucerait avec le lait le poison de la corruption, et il faudrait peut-être plusieurs nouvelles générations avant que le cœur des citoyens fût guéri d'une maladie morale, qui serait devenue constitutionnelle en passant en quelque sorte dans le sang de père en fils.

Ce n'est pas tout. Des sommes énormes sont dépensées pour solder cette armée formidable de mouchards. M. Bonaparte fixe un chiffre de 3,200,000 francs. Il le dit, donc, c'est faux. Cette somme multipliée par dix, nous a assuré quelqu'un de bien informé, ne paie pas encore les milliers de mouchards qui empestent non seulement toute la France, mais l'Europe, même les autres parties du monde.

Il fait beau être mouchard ou piou-piou aujourd'hui en France. Eux seuls sont protégés ; ils peuvent tout faire, et l'impunité leur est garantie. S'ils volent, on les innocente. Voyez plutôt ce zouave, acquitté il y a quelques jours par un conseil de guerre pour avoir volé un panier de bouteilles de lait qu'il prit pour du vin. Sa défense de ioustic plut au conseil qui le trouva amusant. Ce dernier se montra donc bon enfant, et l'acquitta. Telle est la justice aujourd'hui en France ;—elle est bâclée avec l'entrain de la charge en douze temps.

N'importe, tout ce bon peuple français grouille et vivote à côté de ces satrapes de nouvelle création—va-nu-pieds hier, aujourd'hui cumulant des traitements énormes. Tel qui était poursuivi pour escroquerie et porterait maintenant la casaque rouge sans le coup-de-main qui l'a sauvé lui et bien d'autres, jouit de trois à quatre cent mille francs de traitement annuel ; j'ai le chiffre exact quelque part. Un autre, le héros de la cave de Dahra, le massacreur, le brûleur de femmes, d'enfants et de vieillards faibles et sans défense, vient à Londres en ambassade avec le modeste traitement de 610,000 francs, sans compter d'autres frais extraordinaires non fixés.

Et tout ça se gorge, fait des orgies comme au temps de la décadence romaine. Lorsque le peuple est sans pain ni logement, lorsqu'on l'opprime, on donne aux Tuileries des bals monstres où l'on remarque des escrocs, des chevaliers de tous les ordres—excepté celui de la légion d'honneur, d'anciens chefs de maisons de tolérance—Vieyra en tête, des prostituées en retraite du quartier Bréda—sous le patronage de l'ex-Lola des soupers fins de la maison d'Or, faits en compagnie du comte d'Orsay, et qui trône aujourd'hui aux Tuileries. Et certaines mères osent mener leurs filles dans cet antre de Bélial !

La démoralisation sous toutes les formes—le vol, le pillage, l'assassinat, le despotisme, la révolution, voilà quel est et quel sera toujours le caractère du Bonapartisme. Sous l'oncle, les choses n'allaient guères mieux. Ceux qui ne voulaient pas ramper à ses pieds, étaient traités à peu près comme le sont les hommes indépendants sous le neveu. Après avoir dévoré quinze milliards, causé le massacre de cinq millions de français pour satisfaire les caprices de son ambition, attiré à la France deux ruineuses et insultantes invasions ; après s'être souillé de tous les crimes, jusqu'à l'inceste et le viol de pauvres jeunes filles attachées sur un lit par Duroc et un autre général, qui se déguisaient en laquais pour n'être pas reconnus, et mieux servir les desseins du maître, ce monstre est allé expier bien légèrement sur un rocher les atrocités que mille martyres n'auraient pu racheter. Il est regrettable que quelques poètes aient perverti l'opinion publique sur ce tyran. La vérité commence heureusement à percer, mais les difficultés à surmonter, pour détruire le mal causé par ces imprudents écrivains, sont encore bien grandes. Nous ferons nos efforts, quelque faibles qu'ils puissent être, pour contribuer au renversement de l'idole.

Dansez votre danse macabre, allez. Après vous le déluge. Hâtez-vous de jouir des agapes impériales. La tempête, qui vous balaiera tous comme une vermine immonde, commence à se former à l'horizon. Est-ce que votre parti rétrograde ne doit pas nécessairement être écrasé par le parti du progrès ?

Tenez, nous avons à enregistrer une nouvelle victoire : l'acquittement de Bernard sur le chef principal de l'accusation. Le peuple anglais, qui marche avec nous, a été plus fort que les hommes du gouvernement qui ont fait tous leurs efforts, pour amener une condamnation, par condescendance à M. Bonaparte. Voyez plutôt la conduite de la Couronne—son entente cordiale avec la bande de mouchards qui sont venus empester l'Angleterre. Quel acharnement ! Que d'argent dépensé à profusion pour obtenir les témoignages les plus insignifiants ! Messieurs les mouchards ont été jusqu'à proposer de l'argent à certaines personnes pour déposer contre l'accusé Bernard. L'or, ils en sont gorgés. Il faut les voir, du matin au soir faire des ripailles pantagruéliques, depuis plusieurs semaines dans les meilleurs hôtels de Londres. Saunders, un agent de police anglais, mais connu pour être l'âme damnée de l'ambassade française, a gagné, dit-on, de grosses sommes à lui payées par le gouvernement français pour le rémunérer de ses avances faites à ses amis, cette vile canaille qui mange un pain pétri du sang et de la liberté des citoyens, s'il m'est permis d'employer cette métaphore. Aussi, il faut voir la fraternité qui existe entre eux et ce *condottiere* anglais à la solde d'un tyran étranger! Il les accompagne, les protége partout contre l'indignation publique. Ils ont bien besoin de cette protection, les misérables! Ce Saunders a fait la navette depuis deux mois entre Londres, la France et la Belgique. Rien de trop cher pour une vengeance napoléonienne. C'est le budget, c'est ce pauvre Jacques Bonhomme qui paie toutes ces fantaisies impériales.

Voulez-vous une preuve des dispositions favorables de la Couronne pour la défense! Un témoin à décharge, que nous connaissons particulièrement, lorsqu'il se présenta dans la salle où se tenaient d'autres témoins, mais à charge, fut grossièrement invité à sortir par plusieurs agents anglais, Saunders, toujours Saunders en tête. Il demanda où donc il devait attendre. Dans la rue, lui fut-il répondu avec un rire moqueur par cette canaille policière. Une plainte adressée à Lord Campbell est restée sans effet.

N'importe, la victoire a été complète. L'homme de Décembre a été roulé dans la fange par l'avocat de l'accusé, M. Edwin James, dans une brillante plaidoierie. Lorsque le verdict de non-culpabilité a été rendu par le jury, au milieu d'un religieux silence, l'enthousiasme, la sympathie pour l'accusé se sont manifestés en un tonnerre d'applaudissements, impossible à réprimer pendant plusieurs minutes. Les hommes agitaient leurs chapeaux, les femmes faisaient flotter avec frénésie leurs mouchoirs, sous l'empire de transports difficiles à décrire.

Les hourras ont gagné, comme par un courant électrique, les milliers de personnes qui stationnaient au-dehors, attendant impatiemment le résultat, pour delà se répandre par toute l'Angleterre. Bernard sera relâché demain mardi ou mercredi au plus tard, malgré toutes les petites difficultés de la Couronne qui voudrait le retenir jusqu'à son second jugement pour le fait de conspiration, charge insignifiante.

Au club français de Leicester square, ce soir, des hourras prolongés se sont fait entendre pour Bernard, M. Edwin James, le jury, M. Leverson et M. Wyld, le propriétaire de l'établissement où se tient le club. Ce dernier est digne des éloges de la proscription, et nous profitons de la circonstance pour les lui faire chaudement. Il a plusieurs titres à notre gratitude. Il a entouré Bernard de soins particuliers pendant son incarcération : un frère n'eût pas fait davantage. Il a été un des principaux moteurs de la souscription levée pour payer les frais de la défense. Au club anglais, dans plusieurs ardents discours, il a contribué à dépopulariser M. Bonaparte, et à augmenter l'intérêt déjà grand en faveur de l'accusé. Il a provoqué en grande partie le fameux meeting de Free Mason's hall contre le *Conspiracy Bill*. Au nom de la proscription, mille fois merci à M. Wyld.

Nous insistons sur le vif enthousiasme avec lequel l'Angleterre salue l'acquittement de Bernard, à cause de la portée immense du fait. La popularité de M. Bonaparte a reçu le coup de grâce dans le Royaume Uni de la Grande-Bretagne : jamais, non jamais elle ne s'en relèvera.

Messieurs les mouchards disaient tout haut en sortant du tribunal : " Voilà un acquittement qui coûtera de la poudre à l'Angleterre." Si une telle menace ne venait pas de gens infâmes, parias de la société, elle y répondrait avec mépris et par un défi ; et la proscription aussi répondrait : " Nous serons les premiers enrôlés pour combattre non la France, qui nous est si chère, mais les Vandales qui menacent, comme un torrent dévastateur, de détruire la civilisation Européenne. Mort aux barbares ! Hourra pour la guerre sainte ! "

Honneur à l'Angleterre, honte à la Couronne. Nous

avons dit ailleurs, Bodkin, son *Maximus Pontifex*, est cloué au pilori de l'opinion publique, comme il en est de ces oiseaux de proie, à la porte de certains manoirs, avec ces mots au dessous : " Bête malfaisante clouée là pour cause de Bonapartisme."

Nous publierons régulièrement nos bulletins. M. Bonaparte a voulu toucher à la liberté de la presse ; sa puissance a été même assez grande, sur un gouvernement faible, pour provoquer des poursuites. Voyez le résultat ; les protestations s'élèvent de tous côtés, la presse tonne, le Lion a rugi. Les grosses vérités tombent sur lui dru comme grêle. Rien ne nous arrête. Vérifiez vous-même.

Ainsi se termine, Monsieur, la remarquable lettre de Mazzini, à votre maître que vous pourrez lire en français sous trois jours.

" La dernière heure approche ! Le flot impérial descend à vue d'œil. Vous le sentez.

" Quand César, qui, croyant qu'il n'y avait plus de Romains, avait détruit jusqu'au nom de la République, vit, à l'éclair d'un poignard, qu'il existait encore un citoyen Romain, il s'enveloppa dans son manteau, courba la tête sous sa destinée, et mourut en silence. Pour le nom que vous portez, faites comme César.

" Courbez la tête sous 'l'invisible poignard' de l'opinion publique avec lequel la France et l'Europe soulevées condamnent à périr votre pouvoir usurpé, et mourez comme Orsini, recueilli et résigné."

Et vous aussi, Messieurs du *Constitutionnel*, du *Moniteur*, de la *Patrie*, de l'*Univers*, courbez la tête, et recevez en silence ces dures vérités que nous vous jetons à la face ; c'est le parti le plus sage que vous ayez à adopter. Cessez surtout de parler d'hommes sans foi ni loi et de maximes de morale et de religion, car quand nous vous voyons tenir ce langage, il nous semble entendre Robert Macaire prêcher la morale, vanter sa probité dans ses opérations financières, et Satan ou Veuillot faire un sermon. Ad. WOLFF.

Londres, lundi, 19 avril 1858.

P. S.—Notre article était sous presse lorsque nous

avons eu communication de celui de l'*Univers* qui, dans son langage ordurier et calomniateur de chaque jour, traite d'*infâmes* (sic) les nobles hourras du peuple Anglais qui ont salué l'acquittement de Bernard. Quant au *Constitutionnel*, auquel nous venons de répondre plus haut, il a l'impudence de s'exprimer ainsi dans son numéro du 18 avril : " Aucun honnête homme en France ou en Angleterre ne peut douter de la culpabilité de Bernard. Nous nous bornerons à dire, à ceux de nos voisins qui désirent maintenir les bonnes relations existant entre les deux pays, que, si le discours de M. Edwin James, rempli de fiel, de calomnies et d'insultes contre l'Empereur, le peuple, l'armée et nos institutions, venait malheureusement à circuler en France, dans les grandes villes, les casernes et les campagnes, il serait difficile au gouvernement, malgré ses bonnes intentions, de réprimer les effets de l'indignation publique."

De plus fort en plus fort, comme chez Nicolet. Vous êtes sans doute obligés de vous mordre les lèvres et de vous pincer pour ne pas éclater de rire, n'est-ce pas, Messieurs du *Constitutionnel*, soyez francs, quand vous montez sur les tréteaux pour voler le public, et lui vendre votre orviétan, avec ce charlatanisme de langage. On vous sait vieux routiers, vous savez plus d'un tour. Nous vous disons, nous, sans rire que si vous supposiez que l'éloquente plaidoierie de James était capable de produire l'effet que vous annoncez, la clique Bonapartiste s'empresserait de la répandre à millions d'exemplaires. Mais hélas ! c'est que par malheur elle produirait l'effet diamétralement contraire. Aussi vous abstiendrez-vous d'en faire circuler un seul paragraphe, non plus que de la lettre de Mazzini, et d'autres de nos pamphlets.

Un dernier mot sur Bernard.

Hier mardi, il a été élargi, sur une caution de deux mille livres, à quatre heures de l'après-midi. Le soir il s'est présenté au Club anglais de Leicester square, un foyer d'anti-Bonapartisme, que vous appelleriez, vous, un foyer d'assassins, cela va sans dire. Il a reçu une ovation ; je me bornerai à ajouter que l'enthousiasme a été au moins égal à celui qui a répondu au verdict du jury.

Mercredi, 21 avril.

AVIS AUX LECTEURS.

Nous nous empressons de donner au public une traduction du brillant plaidoyer de M. JAMES. Les arguments contre le Bonapartisme auront bien plus de force dans la bouche d'un Anglais que dans celle d'un réfugié démocrate. On ne saurait accuser, au même titre, de partialité et de passion un enfant de la libre Angleterre. Toutes les graves accusations dirigées contre le Bonapartisme par le courageux et éloquent avocat sont conformes à nos vues, et nous ne pouvons qu'y applaudir.

Nous n'avons pas cru utile de reproduire les longues et fastidieuses dépositions des témoins que si peu de personnes lisent. Elles se trouvent, au reste, analysées dans le plaidoyer.

PLAIDOYER DE M. EDWIN JAMES.

Messieurs les Jurés,

Je crois que dans cette discussion et ce procès se trouve impliqué un principe qui affecte non-seulement les libertés de l'Angleterre, mais encore celles de tout le monde civilisé. C'est avec un légitime orgueil que le peuple Anglais se vante de s'être toujours acquitté du devoir pour lui agréable de venir en aide au faible contre le fort, à l'opprimé contre l'oppresseur. A cette même place où je vous parle, les Erskine, les Brougham, les Denman, ont fait briller leur éloquence de tout son éclat dans la défense de ceux qui avaient à lutter contre l'influence de la Couronne pour sauver leurs libertés et leurs droits de citoyen. On dit d'Erskine ce que disait l'orateur Romain :

" Insigne mœstis præsidium reis."

Enfin, s'il m'est permis de le mentionner en présence de l'un des juges dont le savoir, l'intelligence, le constant amour de la justice sont l'honneur de le magistrature, dans le dernier procès politique, l'éloquence de Pollock est encore justement digne souvenir.

Dans le procès qui nous occupe, il s'est présenté, messieurs les jurés, des circonstances bien extraordinaires. Mon savant ami, l'Attorney-Général, a ouvert les débats avec la modération et un ton calme de dignité qui conviennent à un homme de son caractère, et à un ministre de la justice d'une aussi grande nation que la nôtre. Mais quelque solennelles et accablantes qu'aient été ses déclarations, je dois constater que je ne saurais comprendre comment il a omis de nous exposer que jamais, jusqu'à ce jour, il ne s'était présenté, dans notre législation, un procès accompagné des mêmes particularités. Il ne nous a donné aucune raison qui nous fit comprendre pourquoi ce procès criminel a lieu, pourquoi enfin, non contents du sang d'un Orsini et d'un Pierri, on nous appelait à teindre un échafaud Anglais du sang de cet homme (L'avocat fait un geste pour montrer l'accusé). Vous avez le droit de demander une explication à ce sujet ; je veux vous exposer, clairement, j'espère, d'après quel principe l'accusation est basée sur ce singulier acte du Parlement que l'on a dénaturé et détourné du but que s'étaient proposé ceux qui l'ont passé, et auquel ils n'avaient jamais songé, ainsi que je me propose de vous le démontrer. Comment se fait-il que l'acte du Parlement dont il s'agit, qui, antérieurement, n'a jamais été applicable en pareil cas, est mis en vigueur contre l'accusé ? L'Attorney-Général a gardé le silence sur cet acte et les particularités qui ont donné lieu à l'accusation, ce qui ne saurait nous satisfaire dans un procès criminel où se trouve en jeu la vie ou la mort d'un citoyen. J'appelle votre attention sur ce point, c'est que l'accusation n'est motivée par aucune offense dont Sa Majesté ou quelque sujet anglais ait à se plaindre. Mais si nous devons dire la vérité, nous nous permettrons d'affirmer que ce procès n'est pas conduit avec loyauté ; qu'il a été suggéré à l'instigation, à la demande impérative d'un souverain étranger, pour établir un état de choses que l'on a pas eu le courage de soumettre au peuple anglais à la chambre des communes. L'avocat de la Trésorerie a compulsé les archives d'actes du Parlement anciens. et tout poudreux, afin d'avoir un titre qui autorisât à vous demander un verdict de culpabilité pour meurtre volontaire contre un homme, dans un but politique, parce que le gouvernement actuel a été trop lâche pour soumettre la question à la décision des représentants du peuple anglais. L'Attorney-Général a gardé le silence, nous le répétons, sur l'origine et le motif des poursuites exercées contre Bernard. En vain a-t-il voulu nous expliquer pourquoi une accusation de conspiration avait été dirigée. Cet homme a désiré savoir comment, par l'ingénieuse et féconde habileté d'un avocat criminel, M. Bodkin, cette accusation suivait son cours, et avait été annoncée par la voie des journaux, au monde entier. Après ce haut fait, que font les officiers criminels de la Couronne ? Ils disent, faisons un essai ; tâchons d'obtenir un jury qui rende un verdict de culpabilité pour le crime de meurtre volontaire, car cela nous fera peut-être sortir d'une petite difficulté. Maintenant examinons l'état de la question. Ici le savant avocat passe en revue toutes les circonstances du crime qui avaient amené, d'une manière ou d'une autre, à l'information. Chacun avait entendu parler de l'attentat du 14 Janvier contre la vie de l'Empereur Louis Napoléon. L'Attorney-Général avait exposé à Messieurs les jurés le terrible désastre causé par les projectiles, les décès qui étaient résultés de l'acte d'Orsini, Pierri, Gomez et Rudio. Son savant ami avait fait un tableau vif et détaillé de ce lamentable évènement. Mais on devait se rappeler que l'accusé Bernard n'était pas sur les lieux et ne prit aucune part active à l'attentat ni ne le conseilla ni le suggéra. L'horreur que chaque Anglais éprouve pour l'assassinat lui était trop connu (à lui M. James) pour qu'il s'y arrêtât. Il ne lui appartenait pas de proférer un seul mot pour justifier le crime odieux de l'assassinat. Il ne voulait pas à cette occasion, c'était inutile, discuter ce que ces malheureux avaient fait pour se débarrasser d'un tyran qui avait été leur oppresseur ; il se bornait à dire que la seule idée du crime de l'assassinat faisait frémir d'horreur tout Anglais.

M. James arrivé à ce point de sa plaidoierie paya un juste tribut d'éloges à l'éloquence de Jules Favre dans sa défense d'Orsini. Mr. James cite ce passage de cette défense : "Orsini s'engagea dans le dangereux sentier où le fanatisme le poussa, s'inclina devant l'homme qu'il avait cherché à frapper, et se tournant vers le neveu du grand homme, lui dit : "Prince, vous vous glorifiez d'être sorti des rangs du peuple. Eh bien, tendez une main secourable au peuple qui est le frère du peuple français. Ne laissez pas l'Italie être foulée aux pieds par les enfants du Nord. L'origine de votre propre pouvoir est toute révolutionnaire ; ayez cela toujours présent à votre esprit et vous serez invulnérable." J'ai maintenant fini, et mes derniers mots seront comme ceux du Procureur Impérial, une prière. Vous ferez votre devoir sans passion et sans faiblesse, et Dieu qui juge les grands de la terre, Dieu qui mesure toutes les actions humaines et pèse la vie des hommes dans une balance dont notre intelligence et nos cœurs ne peuvent avoir une juste notion, Dieu qui voit les souffrances de cet homme, ses angoisses et les pensées qui ont toujours agité son esprit, les ardentes passions qui ont rempli son cœur, accordera à cette âme noble et intelligente un pardon que, dans leur faiblesse, les hommes ne pourront étendre jusqu'à lui."

Les observations de cet homme éloquent, dit M. James, ont démontré cette vérité que, bien que la Providence, dans ses mystérieux et impénétrables desseins, permît au despote, de triompher et de fouler à ses pieds les libertés des citoyens, elle lui réservait cependant un châtiment qui l'attendrait plus sûrement que le poignard de l'assassin.

Le savant avocat fit alors, d'une manière très-détaillée, l'historique du *Conspiracy Bill*, examina la manière dont il avait été traité par la Chambre des Communes, et fit allusion au discours de Lord John Russell, dont le nom ne serait désormais prononcé qu'avec vénération dans toute assemblée qui faisait profession des principes sacrés de la liberté civile et religieuse. "Il (Lord John Russel) était d'avis que ce serait une honte ineffaçable et un malheur pour l'Angleterre, si elle adoptait une telle mesure à l'instigation de la France."

Ce bill, Messieurs les Jurés, fut rejeté par la Chambre des Communes. Le peuple anglais s'émut, et le ministère Palmerston fut renversé pour avoir voulu le maintenir. Les représentants du pays refusèrent d'obtempérer à un ordre de l'Empereur des Français.

Le savant avocat passa alors en revue les faits qui précédèrent l'entrée au ministère de Lord Derby, lequel n'ignorait pas que la Chambre des Communes et le peuple n'adopteraient jamais ce *Conspiracy Bill*, cause de la chûte du ministère Palmerston, le plus solide que l'on eût vu depuis bien des années. Lord Derby savait bien qu'il ne pouvait représenter un bill que l'on accusait d'avoir été dicté par l'Empereur des Françris à son prédécesseur. Qu'y avait-il alors à faire ? Le voici. La Couronne emploie ses plus habiles avocats criminels pour voir s'ils ne pourraient déterrer quelque vieil acte du Parlement bien moisi ; sur ce document ils composent une commission spéciale, et amènent les juges de Sa Majesté à donner un sens forcé à cet acte qui, comme le savant avocat l'a déjà dit, n'était pas plus applicable au cas qu'il ne le serait pour justifier contre le jury un procès de haute trahison. Ils ont fait leurs efforts pour s'assurer si le droit d'asile accordé aux réfugiés pourrait être annuleé par un verdict dans le présent cas. Tel est, soyez-en sûr, dit M. James, l'origine et l'histoire de l'accusation.

Mais l'Attorney Général s'étant tû sur une foule de points importants, j'ai cru devoir remplir les lacunes, et je m'en remets à votre raison et à votre conscience, Messieurs les Jurés, si je ne l'ai pas fait avec exactitude.

L'attentat du 14 janvier eut lieu. En Angleterre on n'est pas compétent pour apprécier les sentiments qui animent des hommes dont les libertés ont été détruites. On peut bien avoir une idée de ces sentiments, mais on ne peut les sonder. Devait-on s'étonner que l'Italien, qui avait vu les libertés de son pays méprisées et ecrasées par un despotisme horrible, l'Italien qui avait encore couvant dans le cœur une étincelle du courage national ; devait-on s'étonner qu'il soupirât après ces libertés, et qu'il tramât des complots que vous n'approuverez peut-être pas, Messieurs les Jurés, parce que vous n'avez jamais été et ne serez probablement jamais dans une semblable situation? Devait-on s'étonner que des hommes de cœur aimant leur pays entrassent dans des conspirations qu'en Angleterre on ne pouvait sanctionner ni juger, mais pour lesquelles il était permis d'invoquer le bénéfice des circonstances atténuantes ?

L'attentat, comme vous le savez, Messieurs les Jurés, a été principalement exécuté par des Italiens. Tous ceux qui possèdent quelque notion de l'histoire contemporaine de la politique étrangère, savent qu'il ne reste plus en France l'ombre de la liberté de penser, à peine reste-t-il même celle d'agir. L'armée française maintient sur son trône un monarque qui a détruit toute espèce de liberté constitutionnelle. L'Italie, le siége de cette liberté, l'Italie, le siége de la république romaine, au moyen âge, la maîtresse du monde, et dont nous avons imité les institutions municipales, l'Italie, le berceau de la liberté, est devenu maintenant, en fait de liberté, une sorte de contrée déserte et désolée. Ne nous est-il pas alors facile de comprendre les sentiments qui animent ces réfugiés Italiens, vivant, comme nous le faisons, sous l'empire d'une constitution et d'un gouvernement fondés sur les principes les plus libéraux ? J'ose espérer, Messieurs les Jurés, que le jour est bien éloigné où l'armée ne servira en Angleterre qu'à détruire notre liberté. Quels seraient les sentiments de mes concitoyens s'ils voyaient l'armée étouffer jusqu'à la dernière trace de nos institutions constitutionnelles, et y substituer un révoltant despotisme ? Jugez alors des sentiments des Italiens, mais jetez aussi les yeux, Messieurs, pour un moment sur cette malheureuse France. Depuis que la race des Bourbons fut renversée par la gigantesque révolution de 1789, dont chacun a déploré les excès, il y a toujours eu des factions rivales s'entre-déchirant pour la possession du trône de France. Des dynasties ou des partis puissants sont entrés en lutte. On a vu tour-à-tour dans l'arène politique, les Bourbons prétendant leur rétablissement, la maison d'Orléans, celui qui du grand Napoléon n'a que le nom, et un formidable parti républicain. Mais de ce que les Anglais n'étaient guères compétents pour apprécier cette situation, puisqu'ils vivaient sous le gouvernement d'une Reine que tous aimaient, et dont la légitimité du pouvoir n'avait jamais été contestée, s'ensuivait-il qu'il fallait condamner, sans y réfléchir, la conduite des défenseurs de la liberté ?

Ce sont ces partis qui ont tenu la France dans un perpétuel état d'agitation. Telle était la situation en 1848, quand le trône de Louis Philippe fut renversé, la république établie, et quand Louis Napoléon Bonaparte quitta l'Angleterre. Il fut proclamé Président par cinq millions de suffrages. Quelle occasions il avait de faire le bien ! Quelle position exceptionelle ! Quelle perspective de gloire !

Louis Napoléon remplaça donc Louis Philippe. Le premier avait été exilé. Des places fortes de la Suisse qui le protégeaient, dans le pays d'Hofer et de Tell, des pleines sauvages de l'Amérique, des côtes de la constitutionnelle Angleterre, cet homme fit un attentat semblable à celui que lui et ses ministres ont si sévèrement et si hautement dénoncé.

Placé à la tête d'un gouvernement constitutionnel, il jura de maintenir intactes les libertés de la France, mais avant que le serment se fût refroidi sur ses lèvres, il le viola. (Applaudissements qui sont aussitôt réprimés.) Il resta quelque temps le Président d'une Assemblée constitutionnelle dont l'organisation était presque calquée sur celle de notre Chambre drs Communes, laquelle, en théorie, pouvait passer pour approcher de la perfeetion.

L'Attorney-Général a parlé, Messieurs les Jurés, des 516 blessures qui ont été occasionnées par l'explosion des grenades ; mais qu'est-ce en comparaison de ce qu'a fait une soldatesque ivre lancée sur une masse d'hommes, de femmes et d'enfants sans défense ?

Le Président ne pouvait gouverner plus longtemps d'après les institutions constitutionnelles. Il y avait dans l'Assemblée des hommes qui étaient plus attachés à l'ordre que lui-même, des hommes qui n'avaient été coupables d'aucunes menées criminelles contre un gouvernement établi ; là se remarquaient Cavaignac, un des plus grands patriotes qui aient jamais existé ; Changarnier, Thiers, Lamoricière et Bedeau.

Le 2 Décembre, que fit Napoléon ? Sans motif ni droit, il fit saisir au lit ces membres de l'Assemblée nationale, et ensuite les fit emprisonner. Sans motif ni droit, il ordonna à une soldatesque ivre d'entrer violemment dans l'enceinte de la Cour de Cassation où les juges étaient assemblés pour le juger sur un acte solennel d'accusation. Il lança ensuite cetts soldatesque sur une foule de citoyens sans armes et qui n'opposait aucune résistance. Il monta de lui-même sur le trône dont il s'empara sans droit, puis procéda à une élection dans laquelle il fabriqua les chiffres, et où tout n'était que dérision. Il jeta en prison tous ceux qui lui étaient opposés, ou il les transporta dans les régions brûlées de l'Afrique ou dans les marais empestés et mortels de Cayenne. C'est ainsi qu'il s'est élevé un trône sur les ruines des libertés d'un grand peuple.

Tel est le court résumé de l'histoire du Coup d'Etat et de ses résultats jusqu'à l'époque où l'accusation a été décrétée. Simon Bernard est accusé de complicité dans le meurtre volontaire commis sur la personne de Nicholas Battie, et il faut prouver, au-delà de tout doute, qu'il l'a suggéré ou conseillé. Tel est le chef que la Couronne a entrepris de prouver ; mais avant que le jury puisse condamner sur ce chef, il faut qu'il soit bien convaincu non seulement que les faits produits par les témoins ont bien rapport à l'accusation telle qu'elle a été présentée par la Couronne, mais encore que ces faits sont indépendants de l'innocence de Bernard.

Mr. le baron Alderson, Messieurs, a clairement établi ce principe, et il en est fait mention dans " Russell sur les Crimes," vol. 2, p. 727. La Couronne doit donc satisfaire le jury sur ce point, et, avant que de faire monter l'accusé sur un échafaud, vous devez, Messieurs les jurés, être bien convaincus dans votre âme et conscience que l'accusé a conçu ce meurtre particulier. J'admets que Bernard ait cherché, avec d'autres, à arracher ces libertés des hommes qui les oppriment ; mais je déclare que jamais il n'a participé à l'attentat contre Louis Napoléon.

Les dépositions prouvent qu'un meurtre a été commis

à Paris. Sans aucun doute Orsini, Pierri, Rudio et Gomez, cédant à un mouvement impétueux de leur cœur, se servirent, pour un attentat contre la vie de Napoléon, d'armes qui avaient été destinées à un but entièrement différent. Maintenant la Couronne cherche à édifier l'accusation sur trois chefs, qui sont les points saillants du procès. En premier lieu, l'on cherche à prouver les relations de Bernard avec Allsop, et, par ce dernier, sa connaissance de l'existence des grenades qui furent commandées par Allsop, le 6 Octobre 1857, et à lui livrées le 23 Novembre suivant.

Ensuite, la Couronne cherche à établir la participation de l'accusé à l'aide de ces grenades ; elle a, en conséquence, appelé le témoignage du nommé Giorgi, du Café Suisse, afin de prouver que Bernard le paya pour envoyer les grenades à Bruxelles, où elles furent, en présence de l'accusé, remises à Orsini. La Couronne a encore voulu prouver cette participation par le témoin Zeguerus, qui fut loué par Bernard, et qui accompagna Orsini à Paris.

Il faut que la Couronne démontre jusqu'à l'évidence, que les grenades, qui ont été fabriquées par Taylor et remises à Allsop, sont celles qui ont causé tout le mal à Paris. Ceci est une question d'identité ; or, je veux vous démontrer, Messieurs les jurés, que cette identité n'a nullement été constatée, et que la Couronne, bien loin de l'établir, a prouvé entièrement le contraire.

Taylor fabriqua six grenades complètes ; elles étaient de deux dimensions : les unes avaient trois, les autres quatre pouces de diamètre ; chacune était percée de 25 trous. Le compte de ces grenades fut ensuite ainsi établi : deux furent trouvées complètes à Paris, trois explosions eurent lieu, et la dernière fut saisie sur Pierri. Il est parfaitement clair, par les dépositions des témoins, que jamais l'on a attribué à Bernard la possession de ces grenades. Il croyait qu'un mouvement général devait avoir lieu pour la régénération de l'Italie, et que les projectiles étaient destinés à servir ce mouvement. La Couronne a essayé de prouver qu'il avait remis les grenades à Giorgi ; mais je vais démontrer qu'il en est tout autrement. Je ne voudrais certes pas, Messieurs, accuser qui que ce fût de faux témoignage, mais je ferai remarquer néanmoins que la conscience de Giorgi me semble extrêmement élastique. Un mandat d'arrêt a été lancé contre lui, à Bruxelles, pour crime d'état ; il crut alors, qu'en déposant ce qu'il savait devant le juge d'instruction, il serait tout-à-fait libéré. Dans sa déposition, il dit que la bombe, produite devant lui comme spécimen, étaient semblables à celles qu'il avait tenues, à la différence qu'il n'y avait pas de vis à l'extrémité. Il y avait cinq moitiés, trois supérieures et deux inférieures. Les moitiés inférieures étaient percées—elles avaient cinq ou six trous, mais pas autant que celle-ci. Ré-examiné, il dit : " Je n'en ai jamais vu une ayant 25 trous. J'ai pu en voir une avec cinq ou six trous, mais je ne saurais affirmer." Quand l'attorney-général, qui a dirigé l'accusation avec beaucoup d'humanité, se leva pour s'acquitter consciencieusement de son devoir, et demanda : " Comment! n'y avait-il pas 25 trous ? " Alors Giorgi, qui croyait toujours voir une épée suspendue sur sa tête, jura qu'il se rappelait en effet ce nombre. Voilà quel est l'homme qui a été appelé devant un jury anglais pour rendre témoignage,—étant sous le coup d'un mandat d'arrêt, français ou belge, pour crime d'état ! Il est probable, Messieurs, que cet homme sera traité d'après sa déposition, et si elle ne plaît pas à ceux dont il dépend, il est à craindre pour lui qu'il ne fasse encore 26 jours de prison, comme cela lui est déjà arrivé. Cependant, je crois me rappeler avoir commis une erreur en imputant à Giorgi d'avoir juré pour le nombre de 25 trous. On me dit maintenant que, quand il fut interrogé par l'attorney-général, il répondit se ressouvenir du nombre de *quinze* trous.

A présent, j'en viens à Fournarier, le garçon du café, qui dit : " Il y avait dix demi-bombes, et de 20 à 25 trous."—" Oserez - vous jurer qu'il y en eût plus de dix ? " " Il est possible," répondit-il, " qu'il y en eût davantage, comme peut-être moins, je ne saurais dire." Quelle induction tirer d'un pareil témoignage ? Il ajoute encore : " Le juge d'instruction m'a posé tant de questions, que je ne sais ce que j'ai dit." Il n'est plus là devant un juge français, mais ici devant des juges et un jury anglais.

Examinons actuellement le témoignage de Righenzi, qui, loin d'assister la cause de la Couronne, ne lui est que préjudiciable. Ce témoin n'est pas, comme Giorgi, sous le coup d'une accusation de crime d'état, ni d'un mandat d'arrêt qu'on pourrait arranger à loisir après son témoignage. Il est complètement à l'abri de toute surveillance et d'influence de police, Il a dit : " J'ai fait un dessin, mais je n'ai aucun souvenir que ce soit la même espèce de bombe que celle qu'on me présente." Vous avez devant vous, Messieurs les Jurés, le dessin qu'il fit, quand son souvenir était encore récent touchant les grenades qu'il vit au café Suisse de Bruxelles. Vous y remarquerez seulement sept trous de marqués, tandis que dans la grenade qui lui a été présentée par l'Attorney-Général, il y en a vingt-cinq.

Je vais maintenant examiner le témoignage de Cassimir Zeguera. Il vit les bombes sur la tablette de la cheminée au café Suisse, à Bruxelles. Il les retira du sac de nuit une à une sur la frontière de France, et les y remit une à une. Il les retira encore une à une dans le corridor, lorsqu'il les livra à Orsini, à Paris. Elles ont donc passé quatre fois par ses mains, et cependant il dit dans son témoignage : " Je les ai eues quatre fois en main, et quand je les ai remises à Orsini à Paris, je ne savais pas qu'il y eût des trous." Non seulement ceci manque de prouver l'identité, mais encore prouve le contraire. Mme. Righenzi avait fait un dessin des bombes, du moins le fait est établi dans les dépositions faites à l'agent Saunders, et il n'a nullement été produit ici.

L'Attorney-Général pria ici son savant ami de ne pas perdre de vue que la déposition avait été faite devant les autorités belges, qui avaient le dessin entre leurs mains.

J'avais cru autrement, répliqua M. James, mais passant au témoignage de Mme. Righenzi, il est constaté qu'elle a dit avoir compté les trous dans une des bombes, et qu'elle s'est assuré qu'il y en avait 25 ; mais l'autre témoignage montre que cela ne peut être vrai, que jamais elle n'a eu ces bombes en main.

· Je veux vous montrer, Messieurs, combien la Couronne se trompe en prétendant qu'il y a identité dans les bombes. C'est là un des points capitaux de l'accusation. On affirme que les bombes ont été faites par Mr. Taylor de Birmingham, que Bernard les a fait envoyer à Paris, et qu'ayant servi dans l'affaire dn 14 janvier, Bernard n'y était pas étranger. Mais je prétends que ces bombes sont tout-à-fait autres que celles qui ont été déposées au café Suisse, à Bruxelles. La Couronne n'a jamais pu prouver l'identité entre les grenades fabriquées par M. Taylor, et celles dont on a fait usage à Paris, cependant sur une preuve aussi boiteuse, on voudrait envoyer l'accusé à l'échafaud.

J'en viens maintenant aux pistolets. Ils ont été achetés par Orsini et Pierri chez M. Hollis, de Birmingham. Je ne doute pas qu'Orsini ne réunît beaucoup d'armes à feu dans quelque but politique, et que Bernard n'en eût connaissance ; mais je nie qu'il fût informé de l'attentat du 14 janvier, et qu'il le suggérât d'une manière quelconque, non plus que le meurtre commis ce jour, et pour lequel il se trouve devant vous. Mais la Couronne s'est trompée en voulant lui imputer ce crime. Je répète qu'il a été constaté qu'Orsini faisait provision d'armes à feu et de grenades pour quelque insurrection ou quelque dessein politique. Ce mouvement devait se produire en Italie, mais non en France. Ce fait résulte des dépositions des témoins, mais Bernard nie qu'il eût aucune participation à l'attentat du 14 janvier.

Ces pistolets furent donc expédiés ; mais comment le furent-ils ? Bernard les remit au bureau du chemin de fer du South-Eastern, à King, un homme, qu'il connaissait depuis plusieurs années. Bernard apporta les deux revolvers, et les exhiba sans hésiter ; il donna son nom, son adresse, la valeur des objets, et pria de les envoyer à Mr. Outrequin. Il a été démontré que Bernard ne cherchait pas à se cacher ; il ne l'a fait que dans la lettre envoyée à Mme. Rudio, après que son mari eût été arrêté, et je veux, Messieurs, appeler sur ce point directement votre attention et vous faire voir qn'il agit ouvertement. Il a voyagé avec un passeport revêtu de son propre nom ;

il a envoyé ouvertement les pistolets à un homme qu'il connaissait depuis plusieurs années ; en fait, rien n'était dissimulé. Quand les pistolets furent remis à King au bureau de transport, une discussion eut lieu relativement à la signature à apposer sur la déclaration. Bernard fit valoir qu'étant un exilé politique, s'il expédiait les pistolets sous son propre nom, il pourrait s'élever quelque difficulté pour leur réception par le destinataire, comme cela avait eu lieu pour des livres qu'il envoya à un réfugié. Il dit aussi, en réponse à une question qui lui fut faite par King : "Je retournerai à Paris quand l'autre reviendra ici." Quel mal y avait-il en cela ?

Disons à présent quelques mots relativement à la lettre d'Allsop à laquelle on a attaché une si grande importance. Quant aux autres relations de Bernard avec Allsop, il a été établi qu'on les a vus une seule fois ensemble, dans le courant de l'été dernier. Je veux vous montrer que la lettre de 1857 n'a aucun rapport avec l'affaire de 1858. Si l'on prétendait que ce rapport existât, il y aurait toujours pour quiconque danger de se compromettre à recevoir une lettre. Cette lettre dit : " J'espère que vous avez reçu quelques réponses à l'appel des amis de l'Italie." Ce passage est cité pour prouver la culpabilité de l'accusé, comme il en est de la lettre d'Orsini produite au dernier moment. Vous serez sans doute, Messieurs, assez disposés à vous en rapporter à à une lettre, mais vous voudrez bien examiner quelle connexité elle a avec le cas dont il s'agit, et jusqu'à quel point l'accusé est responsable du contenu de cette lettre, avant d'en faire une pièce probante. Le seul témoignage que nous ayons à ce sujet est celui de Rogers, qui nie être un mouchard, mais qui semble avoir procédé comme tel en ce procès. Supposons, Messieurs, que vous soyez exilés demain ; quel mal y aurait-il à former une société pour venir en aide à ses amis ? Qui pourrait dire qu'il y a du mal à chercher asile dans ce pays de liberté, et à comploter contre les tyrans de son pays ? Le cas serait bien différent si, par exemple, vous conspiriez contre la Reine, ou attaquiez quelqu'un de ses sujets. Mais les réfugiés ne conspirent que pour défendre et recouvrer leurs droits. Je désirerais savoir, Messieurs, ce que vous en penseriez si vous étiez exilé comme Anglais, et qu'on vous refusât la liberté de parler. Ces hommes s'assemblent et discutent des questions politiques ; Rogers assiste aux débats et fait son rapport à ses chefs. Il dit que dans le discours de Bernard il n'y avait pas la moindre chose à reprendre. Rogers a établi devant vous que ce qu'il avait reconnu de pire dans ces réunions était la supériorité de toute liberté constitutionnelle sur le despotisme. C'est là ce dont Mr. Rogers le mouchard se plaint. Mon Dieu ! où en sommes nous déjà venus en Angleterre ! Mr. Rogers ferait mieux d'aller à la Chambre des Communes pour faire ses rapports ; là il trouverait plus d'hommes courageux que chez M. Wylde, dans Leicester Square.

Parlons maintenant des autres passages de la lettre d'Allsop. Je soutiens que l'opinion qui y est exprimée sur l'Empereur, est purement celle d'Allsop, et qu'elle n'a jamais été confirmée par Bernard, lequel n'a pas cru devoir répondre à une lettre émanant du cerveau d'un chaud enthousiaste. Il n'y a pas à la Chambre des Communes un seul homme adonné à la littérature, un journaliste, un auteur qui n'ait en sa possession des lettres de cet esprit, un des pamphlets. Eh bien ! que penseriez-vous si Rogers entrait chez vous, saisissant vos papiers pour les envoyer à la Trésorerie, et si, à l'occasion, ces lettres servaient de preuve contre la personne les ayant en sa possession, dans une accusation de meurtre volontaire ? Touchant le passage de la lettre d'Allsop qui fait allusion à la marche des plans d'Orsini, je suis moralement convaincu que vos Seigneuries donnent à cette lettre la date de 1856 au lieu de 1857. S'il en est ainsi, c'était seulement quelques jours avant l'attentat, et lorsque Orsini était à Paris. Mais vous devez vous persuader qu'elle veut parler du progrès des discours d'Orsini à Edinbourg, Liverpool, et autres villes. Vous voudrez bien y donner cette interprétation, et n'y attacher aucune importance, parcequ'il plaît à M. Rogers de lui en donner, et parcequ'il fait tout son possible pour placer la corde autour du cou de ce malheureux que vous avez devant vous. Bernard a eu cette lettre douze mois en sa possession, et il n'a jamais eu une occasion d'y répondre.

Permettez-moi maintenant de vous lire la lettre d'Orsini, datée de Liverpool, le 7 Avril 1857. (Ici le savant avocat lit la lettre, après quoi il continue.) Je ne trouve rien de très-choquant, Messieurs, dans cette expression : *républicains rouges*. Y a-t-il en cette lettre rien qui soit la moitié aussi choquant que ce qui se disait au temps des querelles des tories ? Voyez, par exemple, comment les anciens tories traitaient les radicaux. Au temps des tories, au temps de Lord Eldon, dont la chronique a été faite par l'habile juge qui fait en ce moment partie de la cour, quand les tories étaient loin d'être polis dans leur language, leurs épithètes envers les radicaux, les termes qu'ils appliquaient à ces derniers, n'étaient-ils pas au moins aussi injurieux que ceux employés dans cette lettre ? On s'assemblait en ce temps-là pour discuter et proposer ce que l'on appelait et que l'on croyait être des réformes dans le Parlement. Cette lettre est loin, je le répète, d'être injurieuse. Elle montre les succès d'Orsini, et rien de plus.

Je vais à présent faire une analyse aussi succincte que possible de la déposition de Mme Rudio, sur laquelle la Couronne base principalement l'accusation. Voici le fait. Rudio était dans la misère, et, par conséquent, comme vous devez vous l'imaginer, un instrument à la disposition des autres ; il fut loué, non pour une expédition de concert avec Orsini, mais pour tremper dans le crime de l'attentat. Il me semble que c'est la version la plus vraisemblable. Que Rudio fût payé pour une expédition ou non, c'est ce qu'on ne pouvait assurer. Sa femme n'était guères informée des actions de son mari. Elle ne comprenait pas le français ; comment alors aurait-elle pu être initiée à tout ce qui se tramait dans les nombreuses conversations qui avaient été tenues dans cette langue ? Instruite par la police, on a plusieurs fois tenté, d'après Mr. Welsley, de la corrompre, de lui faire dire quelque chose de faux touchant le passe-port qu'elle avait entre les mains. Je ne saurais jamais trop m'élever contre les obsessions auxquelles Mme Rudio a été en but de la part de la police, au point qu'on ne peut dire qu'elle eût son libre arbitre. Dès le moment qu'elle fut conduite à Bedford Hôtel, où elle fut constamment visitée par Rogers, Saunders, en un mot par les quatre agents de police jusqu'à ce qu'elle ait comparu devant vous ; elle a été tellement sous l'influence de la police, on lui a tant fait la leçon que vous devez, Messieurs, peser scrupuleusement chaque fait, chaque mot de sa déposition, afin d'en venir à une conclusion équitable et loyale. Je ne dis pas qu'elle ait porté de faux témoignage, ni qu'on lui ait suggéré de le faire, mais considérant qu'elle est payée par la Couronne, vous devez accepter sa déposition avec beaucoup de réserve. Pourquoi Rudio lui-même n'a-t-il pas été amené pour rendre témoignage ? Il pouvait le faire, s'il eût été mandé par la Couronne. Quant à la crainte qu'il aurait pu être élargi sous caution en Angleterre, elle est trop oiseuse pour être réfutée. Rudio aurait pu vous dire si Orsini le loua pour quelque expédition, ou si Bernard n'était que le simple instrument d'Orsini pour l'engager à rejoindre ce dernier à Paris, sous un prétexte quelconque, ou dans le but de partir ensemble pour faire une insurrection, pour laquelle ils avaient besoin d'armes, et dont l'objet était le rétablissement de la liberté en Italie. De plus, l'importante somme d'argent (320$l.$), qui était peut-être fournie par Allsop et fut trouvée en possession d'Orsini, montre, ce qui est plus vraisemblable, qu'il s'agissait plutôt d'une grande expédition que de l'exécution d'un crime aussi lâche que celui de l'assassinat. Qu'y avait-il besoin de tant de préparatifs pour un tel dessein ?—Pour se hâter de commettre l'assassinat, et revenir aussi rapidement que possible ? — Mais pourquoi avoir chargé près d'une centaine de grenades pour ce simple objet ?

Quant au fulminate de mercure, Bernard, il est vrai, en acheta une grande quantité, certes, suffisante pour charger cinq à six cents grenades, et qui eût pu servir à une expédition importante. Il semblerait que tel était l'objet du complot à Paris, jusqu'à ce que, dans un moment de fatale inspiration, Orsini se décida à commettre le crime qu'il a expié.

Procédons actuellement à l'analyse du témoignage d'Elisa Cheney. Elle savait que Rudio était un intime ami d'Orsini, et l'on croit qu'elle connaissait quelque chose des mouvements de ce dernier. (Mr. James lit alors une grande partie de ce témoignage, et conclut sa citation en disant que s'il s'y trouvait beaucoup de faits en rapport avec l'accusation telle qu'elle avait été établie par la Couronne, il y en avait beaucoup aussi qui plaidaient fort en faveur de l'innocence de Bernard.) Qu'objectait-on à ce sujet? Supposons, ajoute Mr. James, qu'on lui dit qu'il avait des lettres d'Orsini lui enjoignant d'envoyer Rudio à ce dernier à Paris, car ils allaient partir pour une expédition importante ; ce que Rudio dit, en effet, à Eliza Cheney. Le fait même de prendre la précaution d'allouer 12 shillings par semaine à la femme de Rudio, annonce qu'il s'agissait d'autre chose que d'un temporaire attentat contre la personne de Louis Napoléon. Supposez qu'Orsini ait dit : " Envoyez-moi Rudio pour m'aider dans une sérieuse entreprise, dont l'objet est la régénération de notre pays." Après avoir exécuté cet ordre, voilà qu'un matin Bernard voit, dans un journal, la nouvelle de l'attentat d'Orsini. Il est tout alarmé de l'acte de ce dernier. "Il disait," s'écrie Bernard, "qu'il demandait Rudio pour une toute autre expédition ; il n'est pas possible qu'il ait eu la fatale idée de commettre un pareil attentat."Bernard a dès-lors à cœur de prouver qu'il n'est pas un loueur d'assassins et de détruire la pensée qu'il avait envoyé à Paris des hommes pour agir de concert avec Orsini. Ceci s'accorde assez avec l'accusation, mais peut aussi amener—par induction—à admettre l'innocence de Bernard. On peut objecter que les projectiles, qui servirent à commettre l'attentat, étaient insuffisants pour un mouvement insurrectionnel ; à cela je répliquerai, que les frontières de France étant extrêmement bien gardées, l'on ne pouvait pas en introduire beaucoup à-la-fois, et que ce n'était que le commencement de l'approvisionnement de guerre. On ne peut révoquer en doute que c'est à Paris que les projectiles devaient tous être amassés, non dans un but particulier, mais pour une expédition dont l'objet était d'amener la régénération de l'Italie. Votre devoir est donc, Messieurs les Jurés, de bien vous convaincre sur ce point. Vous ne devez pas perdre de vue, après un sérieux examen des faits, les opinions que j'ai déjà émises. Vous vous rappelez les papiers trouvés chez Bernard. Y en avait-il quelqu'un sur Orsini ou Rudio, avec qui l'accusé est supposé avoir été en relation directe, qui prouvent sa complicité? Les deux lettres d'Orsini et d'Allsop sont tout-à-fait innocentes. Je ne puis vous donner toutes sortes de preuves, mais cependant la déclaration d'Orsini mourant que vous connaissez comme étant un fait acquis à l'histoire, permet d'adopter la doctrine de non-complicité. Pas une phrase dans une pièce quelconque n'implique Bernard. S'il avait assisté à une importante expédition, s'il avait été mêlé à une conspiration, sa conduite eût été bien différente. Je vous supplie donc, Messieurs, de bien peser la question, et de vous souvenir, que le malheureux Orsini n'est depuis longtemps qu'un froid cadavre. Nous devons regretter de ne pas avoir la déposition de Rudio qui eût été si utile.

Je vous rappelle instamment qu'il s'agit de la vie d'un homme, qu'aucune preuve n'existe contre lui dans les papiers trouvés sur les coupables à Paris, malgré les investigations de la police française qui s'insinue, pénètre partout et dont l'organisation est aussi parfaite qu'au temps de Fouché où la femme devenait l'espion de son mari. Malgré toute cette habileté pas même une des lettres arrêtées à la poste n'a démontré la participation de Bernard à cette entreprise fatale qui fut menée avec activité par un homme que l'oppression de son pays avait réduit au désespoir. Une lettre fut adressée par Orsini à l'accusé en avril 1857, mais loin de l'impliquer dans l'attentat, elle prouve entièrement son innocence. Après vous avoir exposé les faits, je vous demanderai si vous voulez éluder la loi pour rendre un verdict agréable à la Couronne. Voudriez-vous, Messieurs, prendre la responsabilité d'envoyer un homme innocent à la mort? Il me semble que le terrible châtiment infligé au sombre crépuscule de ce jour où Orsini et Pierri ont expié leur crime sous le couteau de la guillotine, doit suffir pour apaiser le gouvernement français. Je crois en outre, voyant qu'on a appuyé les poursuites pour conspiration, que l'on a montré assez de condescendance aux insultantes prétentions de l'empereur Napoléon. Mon opinion est aussi que l'objet de ce procès, intenté à l'instigation de l'empereur des Français, est de vous faire servir d'instruments pour détruire le droit sacré d'asile déjà si ancien dans notre pays. Ç'a toujours été un honneur pour nous que l'Angleterre fût l'asile des exilés, rois, empereurs, hommes d'une origine noble, hommes d'état, philosophes, poètes, etc. Donc, eu égard au but de ce procès, je fais un appel à votre honneur et vous rends gardiens de la loi de votre pays, pour empêcher qu'elle ne soit violée à la demande d'un despote voisin. Vous montrerez-vous lâchement complaisants ? J'espère que non.

J'ai fait tout mon possible pour accomplir ma tâche difficile d'après mes propres forces. Je me suis efforcé de le faire comme c'est le devoir de tout avocat anglais, avec courage et loyauté. C'est un droit devant tout tribunal anglais, mais non en France où la presse est bàillonnée, où personne ne peut exprimer son opinion, à moins qu'elle ne cadre avec les vues du gouvernement. J'ai dit avoir accompli mon devoir ; je vous supplie instamment d'accomplir le vôtre avec courage, conscience et loyauté. Après une éloquente réplique qui sera sans doute faite par mon honorable et savant ami, l'Attorney-Général, le résultat du procès sera placé entre vos mains. Permettez-moi de vous faire un dernier appel. N'écoutez que votre conscience, et ne cédez à aucune influence extérieure. Que votre verdict ne soit pas rendu par crainte des armées ou des flottes françaises. Voudriez-vous dénaturer les lois de votre pays, leur donner une interprétation forcée, et faire monter un homme sur un échafaud pour condescendre à l'ordre d'un despote étranger? Je ne puis le croire. Dites - lui bien que vous saurez garder nos libertés. Dites-lui que quatre acquittements ont, en Angleterre, prouvé la résistance qu'un jury savait faire au pouvoir de la Couronne appuyé par des juges serviles, s'accommodant aux circonstances. Dites - lui que, quels que soient les dangers et les difficultés, un jury anglais est déterminé à maintenir ses droits qui ont reçu la sanction du temps, et à protéger les exilés, de quelque contrée qu'ils viennent. Dites-lui que les institutions de l'Angleterre sont fondées sur d'éternels et immuables principes de justice, et qu'aucune menace d'invasion ne saurait faire oublier son devoir à un jury anglais. Dites-lui, que fît-il parader devant vous ses 600,000 baïonnettes et tonner ses canons à votre oreille, vous demeureriez inflexibles. Dites-lui que vous rendrez votre verdict d'après votre conscience et votre raison Dites-lui que les institutions de l'Angleterre sont fondées sur des principes de droit et de justice. Dites-lui encore qu'elles vivront et fleuriront, tandis que son trône élevé par la tyrannie sur les ruines d'une nation autrefois libre et puissant, sera mise en pièces et détruit à tout jamais.

(Un tonnerre d'applaudissements se fit entendre, lorsque le savant avocat eut terminé son plaidoyer, et ce fut avec beaucoup de peine que l'on put rétablir l'ordre.)

Après le résumé de Lord Campbell, et avant que le Jury se retirât pour délibérer, Bernard prit la parole avec une grande vivacité.

" MM. les Jurés, dit-il, je déclare que rien ne prouve que les grenades que Giorgi a emportées à Bruxelles sont celles que je lui ai remises. Je n'ai voulu amener personne ici pour ma défense, parce que je n'ai pas l'habitude de compromettre qui que ce soit, mais je dois déclarer que je ne suis pas homme à payer des assassins. Le sang de ceux qui sont morts le 14 janvier ne pèse pas sur ma conscience. Je conspire pour la liberté contre le despotisme et contre la tyrannie, je conspirerai toujours, parce que c'est un devoir et un devoir sacré, mais jamais je ne serai un meurtrier, jamais je ne serai un assassin."

Quand le Jury revint dans la salle, et prononça ce verdict :

" NON COUPABLE. "

Il se produisit dans l'auditoire un mouvement tumultueux dont nous avons ailleurs rendu compte. Lorsqu'il fut apaisé, Bernard proféra ces quelques paroles :

" Ce verdict est l'expression de la vérité. Je ne suis pas coupable du crime dont j'étais accusé. C'est un honneur pour le Jury anglais d'avoir rendu ce verdict, car il montre que l'on est résolu en Angleterre à écraser la tyrannie partout où elle existe."

Londres.—Imprimerie Universelle de Zeno Swiętosławski,
178 & 179, High Holborn. W. C.

www.ingramcontent.com/pod-product-compliance
Lightning Source LLC
LaVergne TN
LVHW010433060726
842526LV00005B/1775